톡톡 뜯고 색칠하는 신나는 도감

피규어로 만나는 **해양생물**

OCEANS

**톡톡북×컬렉타 시리즈 1**
해양생물(OCEANS)

| | |
|---|---|
| 초판발행 | 2025년 5월 20일 |
| 지은이 | 더토이즈(컬렉타) |
| 펴낸이 | 노 현 |
| 기획/편집 | 김보라·김민경 |
| 기획/마케팅 | 차익주·양운철 |
| 표지디자인 | 이수빈 |
| 제 작 | 고철민·김원표 |
| 펴낸곳 | ㈜피와이메이트 |
| | 서울특별시 금천구 가산디지털2로 53 한라시그마밸리 210호(가산동) |
| | 등록 2014.2.12. 제2018-000080호 |
| 전 화 | 02)733-6771 |
| f a x | 02)736-4818 |
| e-mail | pys@pybook.co.kr |
| homepage | www.pybook.co.kr |
| ISBN | 979-11-7279-026-4  74490 |
| | 979-11-7279-025-7  74490(세트) |

copyright©더토이즈(컬렉타), 2025, Printed in Korea

* 파본은 구입하신 곳에서 교환해 드립니다. 본서의 무단복제행위를 금합니다.

정 가    19,000원

박영스토리는 박영사와 함께하는 브랜드입니다.

# 톡톡북 즐기기

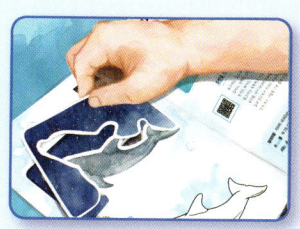
**하나** 톡톡! 점선을 따라 신나게 바탕을 뜯어보세요.

**둘** 쏙쏙! 유익한 정보를 익혀보세요.

**셋** 쓱쓱~ 예쁘게 색칠해보세요.

# 톡톡북 즐기기

짜짠!
나만의 책 완성

# 톡톡북 구성

점선대로 뜯어보세요

무엇을 먹을까? 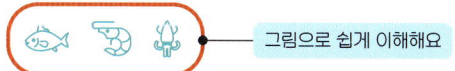 그림으로 쉽게 이해해요

오디오북으로 생생하게 설명을 들어요

귀상어는 넓적하고 양쪽으로 툭 튀어나온 재미있는 망치 모양의 머리를 가지고 있어요. 머리 양옆에 있는 눈은 주변을 더 넓게 볼 수 있게 해줘서 먹이를 사냥하는 데 아주 유리합니다. 다른 상어들보다 더 재빠르고 영리한 귀상어는 다양한 먹이를 사냥합니다. 따뜻한 바다를 좋아하는 귀상어는 우리나라 제주도에서도 가끔 볼 수 있답니다.

**영어이름** 해머헤드 샤크(Hammerhead Shark)

**수 명** 20~30년

**사는 곳** 따뜻한 바다, 대서양과 인도양, 태평양 근처

150~400kg

크기 기준 1m 아동 키

특징을 알아보아요!

2.5~3.m

1m

# 톡톡북 구성

색칠해 보세요!

# 먹이
해양생물은 무엇을 먹을까?

물고기   갑각류   크릴   플랑크톤

해양 포유류   오징어   연체동물   조개류

해양 식물

# 이 책의 순서
내가 좋아하는 해양생물은 어디에 있을까?

## 고래
- 01 돌고래 11
- 02 범고래 13
- 03 혹등고래 15
- 04 흰고래 17
- 05 일각돌고래 19
- 06 북극고래 21
- 07 흰긴수염고래 23
- 08 향유고래 25
- 09 귀신고래 27
- 10 밍크고래 29

## 상어
- 11 귀상어 31
- 12 고래상어 33
- 13 지브라상어 35
- 14 뱀상어 37
- 15 청상아리 39
- 16 흑기흉상어 41
- 17 백상아리 43
- 18 돌묵상어 45

## 다양한 해양생물
- 19 문어 47
- 20 킹크랩 49
- 21 투구게 51
- 22 랍스터 53
- 23 쥐가오리 55
- 24 톱가오리 57
- 25 노랑거북복 59
- 26 목탁수구리 61
- 27 바다거북 63
- 28 매너티 65
- 29 바다코끼리 67
- 30 황제펭귄 69

컬렉타 피규어와 함께

즐거움이 톡톡!

# 컬렉타

### 공룡, 해양생물, 동물, 곤충 등 700종 이상을 정교하게 담아낸 브랜드

작은 손안에서 시작되는 자연과의 특별한 만남.
컬렉타 피규어로 상상력을 키워보세요.

# 돌고래

똑똑하고 친절한 바다의 친구

### 무엇을 먹을까?

돌고래는 길고 매끄러운 몸을 가지고 있어서 물속을 빠르게 헤엄칠 수 있어요. 강력한 꼬리지느러미가 물속에서 멋지게 점프할 수 있도록 도와준답니다. 돌고래는 똑똑하고, 사교적인 성격으로도 유명해요. 다른 돌고래들과 함께 무리를 지어 다니면서 휘파람 소리를 내서 자기의 생각을 전합니다. 사람들과 친근하게 지내는 모습도 많이 볼 수 있어요. 웃고 있는 것 같은 입 모양은 보는 사람을 기분 좋게 해준답니다.

**특징을 알아보아요!**

- **영어이름** 돌핀(Dolphin)
- **수  명** 20~60년
- **사는 곳** 전 세계의 따뜻한 바다, 바다 근처 지역

150~300kg

2.5~4m / 1m

Whale

# Dolphin
똑똑하고 친절한 바다의 친구

색칠해 보세요!

# 범고래

바다의 똑똑한 협력자

고래

**무엇을 먹을까?**

범고래는 검은색과 흰색의 독특한 무늬가 특징이고, 몸은 길고 둥근 배처럼 생겼습니다. 강력한 등지느러미와 꼬리지느러미를 가지고 있어 매우 빠른 속도로 수영할 수 있습니다. 범고래는 가족들과 무리를 이루어 생활합니다. 서로 도와주면서 사냥을 하기도 하고, 독특한 언어로 대화를 나누기도 하는 놀라운 동물입니다.

**특징을 알아보아요!**

- **영어이름** 오르카(Orca)
- **수　명** 30~50년
- **사는 곳** 북극, 남극 근처의 차가운 바다, 바닷가

3~6t

6~9m

1m

Whale

# Orca
바다의 똑똑한 협력자

색칠해 보세요!

# 혹등고래

### 뛰어난 점프 실력자, 노래하는 고래

고래

**무엇을 먹을까?**

혹등고래는 다른 고래들과 다른 몇 가지 특징이 있습니다. 먼저 등에 독특한 혹이 있고, 아름다운 노랫소리로 유명하답니다. 깊은 바다에서 길고 복잡한 소리로 노래를 부르는데, 이 노래는 다른 고래들과 대화하거나 짝을 찾는 데 쓰입니다. 뛰어난 점프 능력으로도 유명한데 물 위로 솟구쳐 오르는 혹등고래의 모습은 아주 멋집니다.

**특징을 알아보아요!**

- **영어이름** 험프백 웨일(Humpback Whale)
- **수　명** 45~50년
- **사는 곳** 여름에는 차가운 바다(극지), 겨울에는 따뜻한 바다(온대)

12~16m
25~30t
1m

# Humpback Whale

뛰어난 점프 실력자, 노래하는 고래

색칠해 보세요!

# 흰고래

웃는 얼굴의 노래하는 고래

고래

**무엇을 먹을까?**

흰고래는 "벨루가"라는 이름으로 불리기도 합니다. 하얗고 매끄러운 몸에 툭 튀어나온 둥글둥글한 이마와 웃는 것 같은 얼굴로 사람들에게 많은 사랑을 받고 있습니다. 주로 차가운 북극 바다에 사는데 흰색 피부가 눈에 잘 띄지 않아 숨기에 좋습니다. 또 두꺼운 지방층을 가지고 있어서 추운 바다에서도 잘 견딘답니다. 흰고래는 다양한 소리를 내는 능력이 있는데, 울음소리가 카나리아와 비슷해 '바다의 카나리아'라고도 불립니다. 다양한 먹이를 먹는데 진공청소기처럼 강하게 먹이를 빨아들여 통째로 삼켜서 먹습니다.

**특징을 알아보아요!**

- **영어이름** 벨루가(Beluga)
- **수 명** 50~60년
- **사는 곳** 북극, 차가운 바다

1~2t  4~5.5m  1m

Whale

# Beluga
웃는 얼굴의 노래하는 고래

색칠해 보세요!

# 일각돌고래

긴 막대기 모양의 이빨을 가진 수영 능력자

### 무엇을 먹을까?

일각돌고래는 긴 뿔처럼 생긴 독특한 이빨을 가지고 있습니다. 이 모습은 마치 물속에 사는 유니콘처럼 보입니다. 일각돌고래의 이빨은 주로 수컷들이 가지고 있고, 무리끼리 이야기를 나누거나 물속에서 방향을 찾는 데 도움을 줍니다. 영리하고 말을 잘하는 능력을 지니고 있어 휘파람같이 다양한 소리와 신호를 낼 수 있습니다.

- **영어이름** 나르왈(Narwhal)
- **수 명** 30~50년
- **사는 곳** 북극의 차갑고 얼음이 많은 바다

800kg~1.6t

4~5.5m / 1m

특징을 알아보아요!

Whale

# Narwhal
긴 막대기 모양의 이빨을 가진 수영 능력자

색칠해 보세요!

# 북극고래

## 지구상에서 가장 오래 사는 고래

고래

**무엇을 먹을까?**

북극고래는 두꺼운 지방층과 긴 몸을 가진 아주 큰 동물입니다. 지방층은 우리 몸을 따뜻하게 해주고, 힘이 필요할 때 에너지를 준답니다. 덕분에 북극고래도 차가운 추위를 이기고 북극 바다에서 살 수 있습니다. 북극고래는 매우 느리게 헤엄치는 대신 아주 깊이 잠수할 수 있는데, 얼음을 깨고 숨을 쉴 수 있도록 크고 단단한 머리를 가지고 있습니다. 또한 아주 오래 사는 것으로 유명한데 무려 200년 이상 살 수 있다고 합니다.

**영어이름** 보우헤드 웨일(Bowhead Whale)

**수　명** 약 200년

**사는 곳** 북극의 차가운 바다,
그린란드, 캐나다, 알래스카 근처

**특징을 알아보아요!**

75~100t

14~18m

1m

# Bowhead Whale

Whale

지구상에서 가장 오래 사는 고래

색칠해 보세요!

# 흰긴수염고래

큰 크기를 자랑하는 바다의 친구

고래

**무엇을 먹을까?**

흰긴수염고래는 현재 지구에 사는 동물 중에서 가장 큰 동물로 "대왕고래"라고도 불립니다. 길이가 최대 33미터까지 자라는데 이것은 11층 건물의 높이와 비슷합니다. 거대한 덩치와는 다르게 아주 온순하고 평화로운 성격을 가지고 있습니다. 흰긴수염고래의 특징인 수염은 위턱 양쪽에 길게 늘어져 있습니다. 이 수염은 고래가 바닷물을 삼킬 때 물속의 작은 플랑크톤이나 해양생물을 걸러내는 역할을 합니다.

**특징을 알아보아요!**

| | |
|---|---|
| **영어이름** | 블루 웨일(Blue Whale) |
| **수 명** | 70~90년 |
| **사는 곳** | 전 세계의 큰 바다, 북극과 남극 근처의 차가운 바다 |

100~200t

24~33m

1m

Whale

# Blue Whale
큰 크기를 자랑하는 바다의 친구

색칠해 보세요!

# 향유고래(향고래)

큰 머리, 세계 최고 잠수 실력을 뽐내는 고래

고래

### 무엇을 먹을까?

향유고래는 길이가 최대 20미터인 아주 큰 고래로 머리가 큰 것으로 유명합니다. 사각형의 머리는 몸길이의 1/3이나 차지합니다. 향유고래는 먹이를 소화하면서 "용연향"이라는 특별한 물질을 만드는데, 이것은 시간이 지나면서 독특한 향을 가져서 향수의 재료로 쓰입니다. 향유고래는 아주 뛰어난 잠수 실력을 지니고 있는데 최대 2킬로미터 깊이까지 잠수하고, 두 시간 이상 숨을 참을 수 있다고 알려져 있습니다.

### 특징을 알아보아요!

- **영어이름** 스펌 웨일(Sperm Whale)
- **수 명** 70~80년
- **사는 곳** 전 세계의 큰 바다, 깊고 따뜻한 바다

20~57t

13~20m

1m

# Sperm Whale

큰 머리, 세계 최고 잠수 실력을 뽐내는 고래

색칠해 보세요!

# 귀신고래

세상에서 가장 멀리 여행하는 바다의 여행가

고래

### 무엇을 먹을까?

귀신고래는 잿빛 피부에 울퉁불퉁한 하얀 따개비들이 많이 붙어 있는 독특한 생김새를 가지고 있어요. 이 모습이 바다의 유령 같다고 해서 "귀신고래"라고 불리지만 사실은 바다를 평화롭게 누비며 살아가는 친구입니다. 귀신고래는 아주 긴 여행을 좋아하는 여행가이기도 합니다. 따뜻한 남쪽 바다에서 새끼를 낳고, 먹이를 찾기 위해 추운 북쪽 바다까지 먼 거리를 헤엄쳐 갑니다. 다른 고래들보다 얕은 바다를 좋아해서 바닷가 가까이에서 헤엄치는 모습을 볼 수 있어요.

### 특징을 알아보아요!

- **영어이름** 그레이 웨일(Gray Whale)
- **수 명** 50~70년
- **사는 곳** 북태평양, 북극, 알래스카, 러시아의 바다

30~40t
12~16m
1m

## Whale

# Gray Whale
세상에서 가장 멀리 여행하는 바다의 여행가

색칠해 보세요!

# 밍크고래

작지만 재빠른 수영 선수

### 무엇을 먹을까?

밍크고래는 다른 대형 고래 중에서는 몸집이 작은 편인 귀여운 친구입니다. 밍크고래는 뾰족한 주둥이를 가지고 있고 가슴지느러미에 하얀색 줄무늬가 있어요. 이 모습은 마치 하얀 팔찌를 찬 것처럼 보인답니다. 밍크고래는 잠수함처럼 날씬한 몸을 가지고 아주 빠르게 헤엄칠 수 있어요. 물속에서 슝슝 움직이는 모습은 정말 멋지답니다.

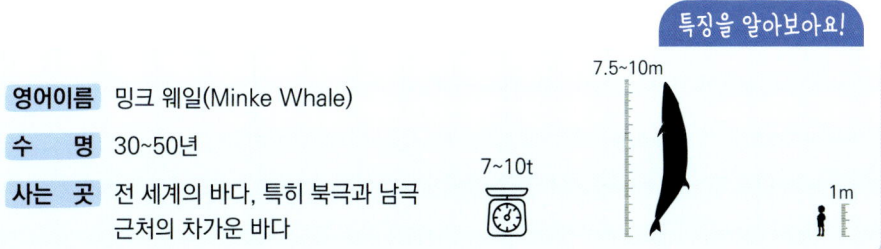

**특징을 알아보아요!**

- **영어이름** 밍크 웨일(Minke Whale)
- **수 명** 30~50년
- **사는 곳** 전 세계의 바다, 특히 북극과 남극 근처의 차가운 바다

7~10t · 7.5~10m · 1m

**Whale**

# Minke Whale
### 작지만 재빠른 수영 선수

색칠해 보세요!

# 귀상어

## 망치 모양의 머리를 가진 바다의 탐험가

상어

### 무엇을 먹을까?

귀상어는 넓적하고 양쪽으로 툭 튀어나온 재미있는 망치 모양의 머리를 가지고 있어요. 머리 양옆에 있는 눈은 주변을 더 넓게 볼 수 있게 해줘서 먹이를 사냥하는 데 아주 유리합니다. 다른 상어들보다 더 재빠르고 영리한 귀상어는 다양한 먹이를 사냥합니다. 따뜻한 바다를 좋아하는 귀상어는 우리나라 제주도에서도 가끔 볼 수 있답니다.

**영어이름** 해머헤드 샤크(Hammerhead Shark)

**수　　명** 20~30년

**사는 곳** 따뜻한 바다, 대서양과 인도양, 태평양 근처

150~400kg

### 특징을 알아보아요!

2.5~3.m  
1m

# Hammerhead Shark

망치 모양의 머리를 가진 바다의 탐험가

색칠해 보세요!

# 고래상어
### 세상에서 가장 큰 물고기

### 무엇을 먹을까?

고래상어는 세상에서 가장 큰 물고기로 알려져 있어요. 몸길이가 버스만큼 길고, 몸무게는 코끼리보다도 무겁답니다. 상어지만 고래처럼 거대한 크기를 가지고 있어서 "고래상어"라는 이름이 붙었어요. 고래상어의 몸에는 하얀색 점박이 무늬가 가득한데 마치 밤하늘의 별처럼 아름답답니다. 덩치는 크지만 성격이 온순하고 사람들과 함께 헤엄치는 것을 좋아해요.

**특징을 알아보아요!**

- **영어이름**  웨일 샤크(Whale Shark)
- **수   명**  70~100년
- **사는 곳**  열대 및 아열대 바다

15~20t

12~18m

1m

# Whale Shark

세상에서 가장 큰 물고기

색칠해 보세요!

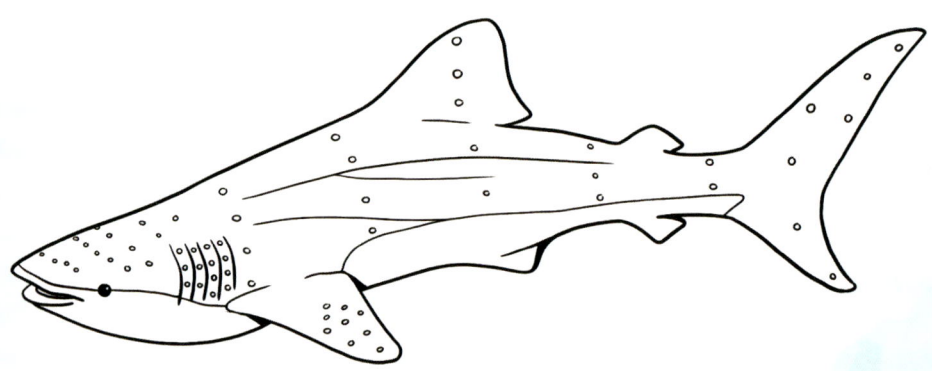

# 지브라상어

어릴 때는 얼룩말, 어른이 되면 표범으로 변신

상어

### 무엇을 먹을까?

지브라상어는 어릴 때와 어른이 됐을 때의 모습이 달라요. 어릴 때는 얼룩말처럼 검은 바탕에 하얀 줄무늬가 있어서 '지브라(얼룩말) 상어'라는 이름을 가지게 되었어요. 클수록 몸 색깔이 밝은 갈색으로 변하고 검은 점들이 생겨서 표범처럼 보인답니다. 지브라상어는 길고 멋진 꼬리도 가지고 있습니다. 이렇게 화려한 모습이지만 사람들만 보면 숨는 부끄럼쟁이예요. 낮에는 주로 바위틈에 숨어 있다가 밤이 되면 조용히 먹이를 찾아 나섭니다.

### 특징을 알아보아요!

| | |
|---|---|
| **영어이름** | 제브라 샤크(Zebra Shark) |
| **수 명** | 25~30년 |
| **사는 곳** | 산호초와 모래 바닥이 있는 열대 바다 |

20~35kg

1.5~2.5m / 1m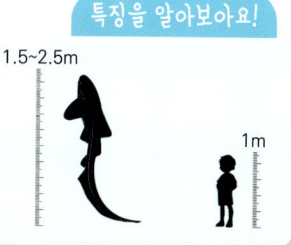

Shark

# Zebra Shark

어릴 때는 얼룩말, 어른이 되면 표범으로 변신

색칠해 보세요!

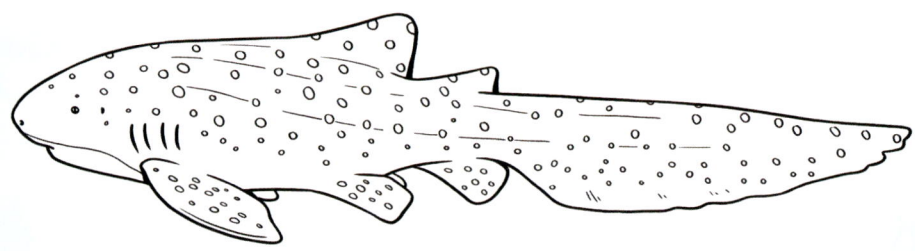

# 뱀상어
호랑이처럼 용감하고 뱀처럼 날렵한 상어

상어

### 무엇을 먹을까?

뱀상어는 몸에 호랑이처럼 검은색 줄무늬가 있어서 "호랑이 상어"라고도 불립니다. 이 줄무늬는 나이가 들수록 점점 흐려져요. 뱀상어는 아주 강력한 턱과 날카로운 이빨을 가지고 있어서 사냥하기에 좋아요. 길고 뾰족한 주둥이로 먹이를 찾아내는데 편식하지 않고 무엇이든 잘 먹는답니다. 사람을 공격하기도 하니 조심해야 해요.

**특징을 알아보아요!**

| | |
|---|---|
| **영어이름** | 타이거 샤크(Tiger Shark) |
| **수　명** | 20~30년 |
| **사는 곳** | 대서양, 인도양, 태평양의 얕은 바닷가 |

400~600kg

3~4m

1m

# Tiger Shark

호랑이처럼 용감하고 뱀처럼 날렵한 상어

색칠해 보세요!

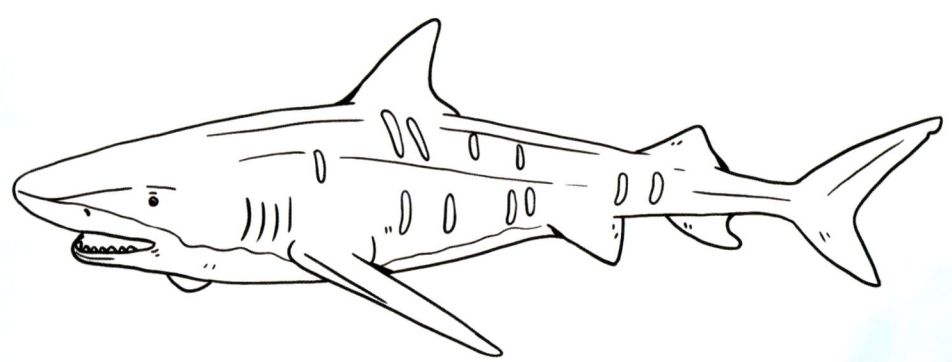

# 청상아리

아주 빠르고 힘이 센 바다 위의 최강 상어

상어

### 무엇을 먹을까?

청상아리의 몸은 길고 날씬한 배처럼 생겼고, 일반적으로 파란색 또는 청색과 회색이 섞인 피부색을 가졌습니다. 이 상어는 강력한 힘을 자랑하며, 아주 빠른 속도로 수영할 수 있습니다. 뛰어난 점프력을 가져서 물 위로 6m 이상 솟아오르기도 합니다. 필요 없는 공격은 하지 않는 똑똑한 상어지만 주변을 계속 맴돌거나 입을 벌리고 접근한다면 공격을 한다는 신호니까 조심해야 합니다.

**영어이름** 쇼트핀 마코(Shortfin Mako)
**수　　명** 30~40년
**사는 곳** 대서양, 태평양, 인도양의 깊은 바다

300~500kg

특징을 알아봐요!
2.5~3.5m
1m

# Shortfin Mako

아주 빠르고 힘이 센 바다 위의 최강 상어

색칠해 보세요!

# 흑기흉상어

검은 물감에 살짝 담근 지느러미를 가진 상어

상어

## 무엇을 먹을까?

흑기흉상어는 등지느러미와 가슴지느러미, 꼬리지느러미 끝이 검은색입니다. 마치 검정 물감을 묻힌 것 같은 모습 때문에 다른 상어들과 쉽게 구별할 수 있습니다. 강력한 턱과 날카로운 이빨로 유명하고, 주로 따뜻한 산호초 주변에서 빠르게 헤엄치면서 먹이를 사냥합니다. 흑기흉상어는 일반적으로 온순한 성격이지만, 위협을 느끼면 공격적으로 변할 수 있어서 조심해야 합니다.

**특징을 알아보아요!**

| | |
|---|---|
| 영어이름 | 블랙팁 리프 샤크(Blacktip Reef Shark) |
| 수 명 | 10~15년 |
| 사는 곳 | 인도양, 태평양의 따뜻하고 얕은 바다, 산호초 주변 |

45~70kg

1.5~1.8m / 1m

Shark

# Blacktip Reef Shark
검은 물감에 살짝 담근 지느러미를 가진 상어

색칠해 보세요!

# 백상아리

### 뛰어난 감각을 가진 최강 사냥꾼

상어

**무엇을 먹을까?**

백상아리는 거대한 몸집과 강력한 힘을 가진 멋진 사냥꾼입니다. 냄새를 아주 잘 맡는 데다가 전기 신호도 느낄 수 있어서 숨어 있는 먹잇감을 쉽게 찾아내고, 빠른 속도와 강한 힘으로 잡은 먹이를 단번에 제압합니다. 백상아리는 사냥할 때 물 위로 뛰어오르면서 공격하는 "브리칭(Breaching)"이라는 독특한 행동을 보이기도 합니다.

**특징을 알아보아요!**

| | |
|---|---|
| **영어이름** | 그레이트 화이트 샤크(Great White Shark) |
| **수　명** | 70~100년 |
| **사는 곳** | 전 세계의 따뜻한 바다, 대서양, 태평양, 인도양 근처 |

1~2t

4.5~6m

1m

# Great White Shark

뛰어난 감각을 가진 최강 사냥꾼

색칠해 보세요!

# 돌묵상어

아주 큰 입을 가진 필터 먹방의 달인

상어

### 무엇을 먹을까?

돌묵상어는 고래상어 다음으로 큰 상어로, 다른 상어들과 달리 아주 큰 입을 가지고 있습니다. 이 큰 입은 바닷물과 먹이를 함께 빨아들이기 좋은 구조입니다. 먹이로는 주로 플랑크톤이나 아주 작은 물고기를 먹습니다. 돌묵상어는 바닷속을 천천히 헤엄치면서 바닷물을 들이마시고, 마치 필터처럼 플랑크톤을 걸러내어 먹습니다.

**특징을 알아보아요!**

| | |
|---|---|
| 영어이름 | 배스킹 샤크(Basking Shark) |
| 수 명 | 50년 이상 |
| 사는 곳 | 전 세계의 따뜻하거나 차가운 바다, 얕은 바다 |

4~6t

6~12m

1m

# Basking Shark
아주 큰 입을 가진 필터 먹방의 달인

# 문어
여덟 개의 팔을 가진 변신 마법사

### 무엇을 먹을까?

문어는 부드러운 몸과 여덟 개의 긴 팔을 가진 신기한 해양생물입니다. 이 팔에는 빨판이 많이 있어 먹이를 잘 잡을 수 있습니다. 문어는 몸 색깔을 자유자재로 바꿀 수도 있습니다. 주변 환경에 맞춰 몸 색깔과 무늬를 바꿔서 위험한 상황에서 자신을 보호한답니다. 문어는 위험을 느끼면 검은 먹물을 뿜어내기도 합니다. 이렇게 위험한 상황에서 자신을 지킬 줄 알고 도구도 사용할 줄 아는 아주 똑똑한 친구입니다.

### 특징을 알아보아요!

**영어이름**  옥터퍼스(Octopus)

**수  명**  3~5년

**사는 곳**  전 세계의 바다, 주로 따뜻한 바다와 해저 동굴

1~10kg   0.3~1m    1m

# Octopus

여덟 개의 팔을 가진 변신 마법사

색칠해 보세요!

# 킹크랩

강력한 집게발과 갑옷으로 무장한 씩씩한 친구

기타

### 무엇을 먹을까?

킹크랩은 바다에 사는 아주 큰 게입니다. 킹크랩의 몸은 딱딱한 껍데기로 둘러싸여 있는데 이 껍질 덕분에 위험한 상황에서 자신을 보호할 수 있어요. 길고 단단한 집게발과 다리도 여러 개 가지고 있는데, 이 다리를 모두 펼치면 마치 커다란 거미처럼 보인답니다. 실제로 게보다는 거미와 더 가까운 친척이라고 해요. 길고 강력한 다리로 바다 밑바닥을 기어다닐 수도 있고, 맛있는 먹이를 잡아먹기도 합니다.

**특징을 알아보아요!**

- **영어이름** 킹크랩(King Crab)
- **수 명** 15~20년
- **사는 곳** 북태평양의 차가운 바다, 알래스카와 러시아의 바다

2~10kg

1~1.5m

1m

# King Crab

강력한 집게발과 갑옷으로 무장한 씩씩한 친구

색칠해 보세요!

# 투구게

바닷속의 살아있는 화석

### 무엇을 먹을까?

투구게는 공룡이 살던 아주 오래전부터 살아온 생물입니다. 그래서 "살아 있는 화석"이라고 불린답니다. "투구"는 옛날 기사들이 쓰던 모자로, 머리를 보호하는 헬멧과 같답니다. 투구게의 머리 부분은 투구처럼 단단하게 생겨서 위험으로부터 보호해줍니다. 무기처럼 보이는 길고 뾰족한 꼬리는 몸의 균형을 잡고 움직이는 데 도움을 줍니다. 투구게의 피는 놀랍게도 푸른색이에요. 정말 볼수록 신기하고 멋진 친구랍니다.

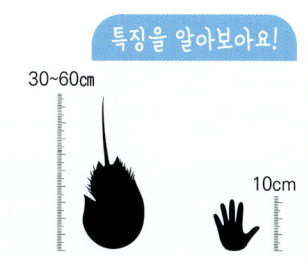

**영어이름**  홀스슈 크랩(Horseshoe Crab)

**수   명**  20~40년

**사는 곳**  북서태평양, 대서양의 바닷가

# Horseshoe Crab

바닷속의 살아있는 화석

색칠해 보세요!

# 랍스터

단단한 껍질과 집게발이 멋진 바다의 청소부

기타

### 무엇을 먹을까?

마치 새우와 비슷하게 생긴 랍스터는 두 개의 큰 집게발과 아주 단단한 껍질, 긴 더듬이를 가지고 있어요. 랍스터의 크고 강력한 집게발은 먹이를 사냥하고 자신을 보호하는 데 매우 중요한 역할을 합니다. 이 집게발은 아주 딱딱한 껍데기도 부술 수 있습니다. 주로 바위가 많은 바닷가와 해저의 굴에서 살면서 죽은 동물이나 남은 음식물을 먹어주어서 해양 생태계를 깨끗하게 유지하는 바다의 청소부랍니다.

**영어이름** 랍스터(Lobster)

**수　명** 30년 이상

**사는 곳** 북대서양의 차가운 바다, 바위틈, 모래 바닥, 해저의 굴

특징을 알아보아요!
30~60cm
1~6kg
10cm

# Lobster

단단한 껍질과 집게발이 멋진 바다의 청소부

색칠해 보세요!

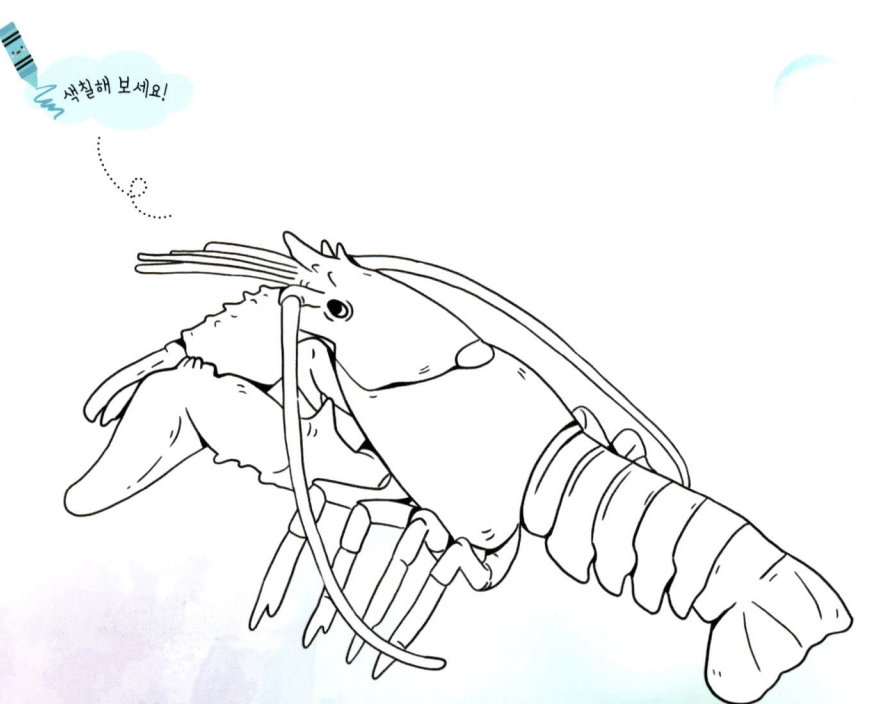

# 쥐가오리

바닷속을 자유롭게 날아다니는 비행기

### 무엇을 먹을까?

쥐가오리는 망토처럼 납작한 몸과 쥐의 꼬리처럼 긴 꼬리를 가졌어요. 입 양쪽의 뿔 모양 지느러미는 먹이를 입쪽으로 모으는 역할을 해요. 바닷속을 날아다니듯 헤엄치는 모습은 마치 비행기처럼 보이기도 한답니다. 쥐가오리는 매우 온순한 성격으로 평소에는 바다를 유영하면서 플랑크톤을 걸러서 먹어요. 하지만 필요할 때는 빠르게 도망칠 수 있는 똑똑한 생물입니다.

| | |
|---|---|
| 영어이름 | 만타 레이(Manta Ray) |
| 수 명 | 20~30년 |
| 사는 곳 | 대서양, 지중해 등의 얕은 바다 |

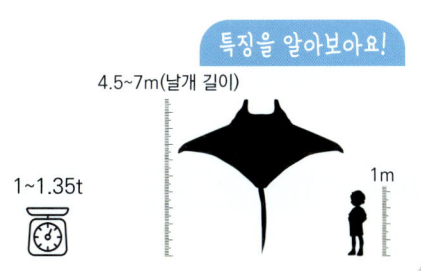

# Manta Ray

바닷속을 자유롭게 날아다니는 비행기

색칠해 보세요!

# 톱가오리

뾰족뾰족 톱날 모양의 주둥이를 가진 사냥꾼

기타

### 무엇을 먹을까?

톱가오리는 길고 평평한 주둥이를 가졌는데 주둥이에는 날카로운 톱니 모양의 돌기가 많이 있어요. 이 날카로운 주둥이는 먹이를 사냥할 때 아주 유용하답니다. 주위에 다른 물고기가 있는지 찾아내기도 하고, 휘둘러서 먹이를 기절시키기도 해요. 톱가오리는 강한 외모와 달리 아주 조용하고 느긋한 성격입니다. 사람을 먼저 공격하지 않고 대부분 자신을 방어하기만 하는 평화로운 친구예요.

**영어이름** 쏘피시(Sawfish)

**수 명** 30~50년

**사는 곳** 따뜻한 바다, 강

200~300kg

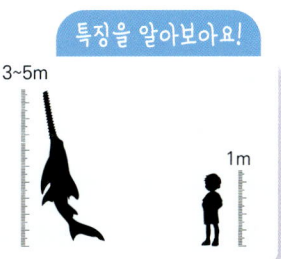

특징을 알아보아요!

3~5m

1m

Etc

# Sawfish
뾰족뾰족 톱날 모양의 주둥이를 가진 사냥꾼

색칠해 보세요!

# 노랑거북복

작고 귀여운 풍선 같지만 강한 독 주의!

### 무엇을 먹을까?

노랑거북복은 몸이 네모난 상자 같아서 "박스피쉬(상자물고기)"라는 이름이 붙었어요. 노란색 바탕에 검은색 점이 있어 바닷속에서도 쉽게 찾을 수 있어요. 물속에서 적이 나타나 위험을 느끼면 피부에서 강한 독을 뿜어서 적을 물리쳐요. 작고 귀엽게 생겼지만 자기 자신을 열심히 지키는 용감한 물고기예요.

**특징을 알아보아요!**

| | |
|---|---|
| **영어이름** | 옐로 박스피시(Yellow Boxfish) |
| **수 명** | 10~15년 |
| **사는 곳** | 인도양과 태평양의 산호초 지역 |

300~600g 　　6~15㎝ 　　10㎝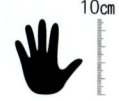

# Yellow Boxfish

작고 귀여운 풍선 같지만 강한 독 주의!

# 목탁수구리

상어와 가오리가 합쳐진 독특한 바다 친구

기타

### 무엇을 먹을까?

목탁수구리는 상어와 가오리의 특징을 동시에 가진 신기한 생물입니다. 상어 같은 등지느러미와 꼬리지느러미를 가졌고, 가오리처럼 납작한 몸과 넓은 가슴지느러미로 헤엄칩니다. 이 납작한 몸 덕분에 바닥을 따라 쉽게 헤엄치면서 모래 속에 숨은 먹이를 사냥할 수 있습니다. 게, 조개 같은 단단한 껍데기도 부술 수 있는 튼튼한 턱과 이빨을 가지고 있으며 주로 밤에 활동하는 생물입니다.

**특징을 알아보아요!**

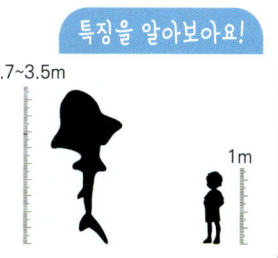

100~170kg

**영어이름** 샤크 레이(Shark Ray)
**수　　명** 20~30년
**사는 곳** 인도양, 태평양의 얕은 바닷가

# Shark Ray

상어와 가오리가 합쳐진 독특한 바다 친구

색칠해 보세요!

# 바다거북
느릿느릿 느긋하고 신비한 바다의 여행자

## 무엇을 먹을까?

바다거북의 등껍질은 아주 단단해서 다른 동물들이 공격해도 몸을 보호할 수 있습니다. 길쭉한 다리를 사용해 물속을 빠르게 헤엄칠 수 있어서 먼 거리를 여행하기도 합니다. 주로 물속에서 살지만 숨을 쉴 때는 물 위로 올라와서 코로 공기를 마시고 다시 물속으로 들어간답니다. 엄마 바다거북은 해변에 와서 모래 속에 알을 낳아요. 아기 거북들은 알에서 깨면 바다를 향해 열심히 걸어가서 새로운 모험을 시작하지요. 바다거북은 정말 오래 살 수 있어서 어떤 바다거북은 100살 넘게 살기도 합니다.

**영어이름** 씨 터틀(Sea Turtle)

**수 명** 50~100년

**사는 곳** 전 세계의 따뜻한 바다

특징을 알아보아요!

 50~400kg

 60cm~2m / 1m

# Sea Turtle

느릿느릿 느긋하고 신비한 바다의 여행자

색칠해 보세요!

# 매너티

둥글고 부드러운 몸을 가진 '바다의 소'

기타

## 무엇을 먹을까?

매너티는 듀공과 매우 닮은 해양생물입니다. 둥글고 부드러운 몸에 큰 지느러미를 가지고 있고, 꼬리는 둥근 주걱처럼 생겼습니다. 물속에서 해초를 먹고 사는데 몸집이 크기 때문에 아주 많은 양을 먹어야 한답니다. 매너티는 조용하고 느긋한 성격이지만 수영을 매우 잘하고, 바다에 살면서도 물을 마시기 위해서 민물을 찾기도 합니다. 옛날 사람들은 매너티가 새끼에게 젖을 먹이는 모습을 보고 "인어"로 오해하기도 했다고 해요.

**특징을 알아보아요!**

- **영어이름** 매너티(Manatee)
- **수　명** 50~60년
- **사는 곳** 따뜻한 바닷가, 강

400~600kg

2.5~4.6m　1m

# Manatee

둥글고 부드러운 몸을 가진 '바다의 소'

색칠해 보세요!

# 바다코끼리

긴 이빨을 뽐내는 바다의 코끼리

**무엇을 먹을까?**

바다코끼리는 북극의 차가운 바다에 사는 아주 크고 멋진 생물입니다. 두꺼운 지방층이 있어서 추위에도 잘 견딥니다. 바다코끼리는 "상아"라는 길고 뾰족한 이빨을 가지고 있는데, 이 이빨은 얼음을 깨거나 싸울 때 도움이 됩니다. 바다코끼리는 큰 무리를 이루어 가족과 함께 살아가면서 크고 다양한 울음소리를 내서 서로 대화를 합니다. 수컷 바다코끼리는 암컷에게 멋진 모습을 보여주기 위해서 큰 소리로 울기도 합니다.

**영어이름** 월러스(Walrus)

**수　　명** 30~40년

**사는 곳** 북극, 차가운 바다

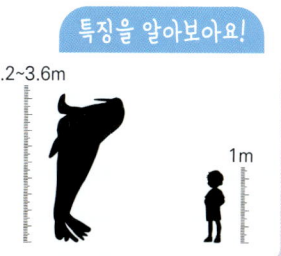

# Walrus

긴 이빨을 뽐내는 바다의 코끼리

색칠해 보세요!

# 황제펭귄

둥글게 둥글게! 강한 추위도 이기는 아빠 펭귄의 사랑

기타

### 무엇을 먹을까?

황제펭귄은 지구상의 펭귄 중에서 가장 큰 종입니다. 등 부분은 검은색, 배 부분은 흰색 깃털을 가지고 있어서 마치 검은색 코트를 입은 것 같습니다. 귀 부분의 귀여운 주황색 털이 매력입니다. 황제펭귄은 몹시 추운 남극에서 무리를 지어 추위를 견디며 살아갑니다. 암컷 펭귄이 알을 낳으면 수컷 펭귄이 그 알을 품고 보호합니다. 이때 알이 따뜻하게 부화할 수 있도록 여러 마리의 수컷 펭귄들이 힘을 모아 둥글게 원 모양을 만들며 날카로운 바람을 막아줍니다.

### 특징을 알아보아요!

**영어이름** 엠퍼러 펭귄(Emperor Penguin)
**수   명** 15~20년
**사는 곳** 남극 대륙의 바닷가

 20~45kg   1.2m   1m

# Emperor Penguin

둥글게 둥글게! 강한 추위도 이기는 아빠 펭귄의 사랑

색칠해 보세요!

## 나 이름은? 카드놀이

고래

돌고래

범고래

## 누가 누가 잘 맞히나?

가족, 친구들과 함께 해양생물 이름 맞히기 게임을 해봐요.

고래는 물에 사는 아주 큰 동물이에요. 물고기처럼 생겼지만 숨을 쉬기 위해 공기를 마시는 포유류랍니다.

혹등고래

흰고래

외뿔고래

범고래

큰돌고래

향유고래(말향고래)

귀신고래

범고래

귀상어

상어

고래상어

지브라상어

상어는 바다에 사는 진짜 물고기예요.
상어는 아주 오래전부터 바다에서
살았고, 공룡보다도 먼저 태어났어요.

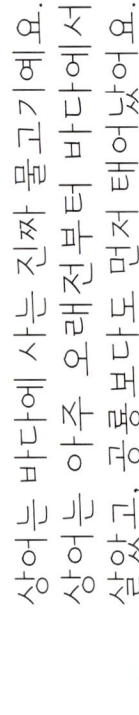

백상어

청상아리

흑기흉상어

백상아리

돌묵상어

# COLLECTA
## A NATURAL WORLD IN MINIATURE

문어

## 다양한 해양생물

# COLLECTA
## A NATURAL WORLD IN MINIATURE

바다에는 물고기, 문어, 거북 같은 신기하고 다양한 생물들이 살고 있어요.
바다는 아주 넓고 깊어서, 아직도 사람들이 모르는 생물들이 많이 있답니다.

## 킹크랩

## 투구게

## 랍스터

## 쥐가오리

톱가오리

노랑거북복

톱날수구리

바다거북

매너티

바다코끼리

황제펭귄

TOK TOK BOOK

동물카드 Series. 1

# TOK TOK BOOK

Series. 1
툭툭 컬렉타